VERLAG
wellhöfer

Einleitung

In Mannheim findet man viele Wege. Vor allem zur Kultur. Und zu Menschen. Wer etwas entdecken will, ist in Mannheim genau richtig.

Die Stadt hat Kulturgeschichte: Im 18. Jahrhundert war die Mannheimer Schule in der Musik europaweit führend, heute gibt es mit der Popakademie die einzige Hochschule Deutschlands, auf der man Gegenwartsmusik studieren kann.

Die Stadt hat Industriegeschichte: Mannheim ist Erfinderstadt, hier lebten die Menschen, die das Fahrrad, das Auto und den Traktor erfanden.

So ist es in vielen Dingen. In Mannheim gibt's keinen Glamour, aber Glanz. Neben den Kurpfälzern leben in Mannheim Menschen aus rund 170 Nationen. Adebar lebt hier übrigens auch, denn die Stadt beherbergt eine der größten Storchenpopulationen Deutschlands, im Vergleich mit anderen Metropolen.

Mannheim bietet viel Kultur, bemerkenswerte Streetart, reichlich Natur, beeindruckenden Sport – auch Spitzensport: 2015 wurden die Adler Mannheim zum fünften Mal deutscher Eishockeymeister. Mannheim ist urban, ist Großstadt, aber niemals Moloch.

Entdecken Sie die Stadt an zwei Flüssen, aber vor allem – entdecken Sie seine Menschen! Die schönsten Denkmäler in Mannheim sind nicht die von Bismarck oder Schiller, sondern das Sackträgerdenkmal im ehemaligen Hafenviertel Jungbusch und das vom Blumepeter auf den Kapuzinerplanken.

◄ *Blumepeter – Mannheimer Original*
Blumepeter – A Mannheim original

Preface

Mannheim is a city of many well-worn paths. A lot of them lead to culture. Others to its people. If you want to discover something new, Mannheim is just the place for you.

The city has a rich cultural history. In the 18th century the Mannheim school was the leading one of its kind in Europe; today, the Popakademie (University of Popular Music and Music Business) is the only German institution of higher education that teaches contemporary music. The city has a rich industrial history. Mannheim is a city of inventors, home to the people who came up with the bicycle, the car, and the tractor. This is true for many things. There is no glamour in Mannheim, but splendour. In addition to the locals, people from around 170 nations live in Mannheim.

Mannheim has much to offer: a lot of culture, remarkable street art, an abundance of nature, exceptional sports – even top-class sports: in 2015 Adler Mannheim became the German ice hockey champions for the fifth time. Mannheim is urban, a city, but never oppressive. Discover the city by the two rivers but most of all – discover its people! The best monuments are not the statues of Bismarck or Schiller but the Sackträgerdenkmal, a memorial to dockworkers in the former harbour district, Jungbusch, and the Blumepeter, a locally known flower seller, at the Kapuzinerplanken.

Stadtgeschichte

Die Geschichte der Stadt Mannheim beginnt bereits im Frühmittelalter. Das fränkische Dorf Manninheim bzw. Mannenheim, das bereits in einer Schenkung an das Kloster Lorsch von 766 n. Chr. erwähnt wird, kam im Jahr 1284 in den Besitz eines Pfalzgrafen aus dem Haus der Wittelsbacher. Seine Bedeutung als Stadt erlangte Mannheim am 17. März 1606 mit der Grundsteinlegung der Festung Friedrichsburg durch den Kurfürsten Friedrich IV. von der Pfalz. Hierdurch erhielt die Stadt schließlich am 24. Januar 1607 auch die Stadtprivilegien. Hinzu kam die Erweiterung der Handelsfreiheiten durch das Jahrmarktsprivileg 1613. Die mit dem Festungsbau einhergehende Einteilung des Stadtkerns in Quadrate ist trotz der Zerstörungen in mehreren Kriegen bis heute erhalten geblieben und verleiht der drittgrößten Stadt Baden-Württembergs ihr markantes Erscheinungsbild.

Reste der Stadtmauer / Remains of the city wall ▲

History

The history of Mannheim dates back to the early Middle Ages. The Franconian village Manninheim or Mannenheim is mentioned in a deed of donation to the Lorsch Abbey in the year 766 A.D. The first step on its way to become a city was the laying of the first stone for the fortress of Friedrichsburg, initiated by Frederick IV, Elector Palatine. On the 24 January 1607, Mannheim finally received the status of a city. In 1613 it was granted the privilege of holding a fair, increasing the freedom of trade. During the construction of the fortress the city centre was laid out in grids which remains a distinctive feature of the third largest city of Baden-Württemberg despite the destruction of several wars.

Friedrich V., der Nachfolger des Erbauers der Friedrichsburg, floh nach seiner Niederlage gegen den Kaiser mit seiner Gemahlin ins Exil, was das Ende Mannheims als protestantisches Bollwerk zur Folge hatte. Der Beschuss durch kaiserliche Truppen 1622 machte Mannheim vorübergehend unbewohnbar. Ende 1631 gelang es den schwedischen Truppen des Königs Gustav Adolf, die aus Spaniern und Bayern bestehende Besatzung der Stadt zu überwältigen. Es folgten Verwüstungen und immer wieder wechselnde Besatzungsphasen.

▼ *Alt-Mannheim / Mannheim in the 19th century*

Die Schäden machten die Stadt nahezu menschenleer, bis Kurfürst Karl Ludwig, der als Zweijähriger mit seinen Eltern ins Exil geflohen war, im Jahr 1649 nach dem im Jahr zuvor geschlossenen Westfälischen Frieden nach Mannheim zurückkehrte. Seine Politik der Wiederbevölkerung gestattete es allen Einwanderern gleich welcher Herkunft und Religion, in die Stadt zu ziehen. So entwickelte sich in Mannheim bereits früh eine kulturelle Vielfalt.

During the Thirty Years' War the city was destroyed and occupied by various different parties. The damage drove the people from the city until Charles Louis, who had been exiled at the age of two with his parents, returned to Mannheim in 1649 after the signing of the Peace of Westphalia in the previous year. His policy of re-population allowed all immigrants to take up residence in the city regardless of their origin and religion. Thus Mannheim became a city of cultural diversity at an early time.

Jesuitenkirche / Jesuit Church ►

Als Mannheim 1720 Residenz des Kurfürsten Karl Philipp wurde, begann für die Stadt an Rhein und Neckar ein goldenes Zeitalter. Zu Beginn bewohnte der Kurfürst das Schloss im benachbarten Schwetzingen. Doch mit der Grundsteinlegung des Mannheimer Schlosses begann auch für die Quadratestadt ein Neuaufbau. Die verbliebenen Trümmer des Konflikts von 1689 wurden entfernt. An ihre Stelle rückten neben dem Schloss, einem Kaufhaus und der Jesuitenkirche verschiedene Handwerksstellen sowie Gewerbe und Gasthöfe. Die Stadt wurde nun von Beamten, dem Adel sowie dem Militär verwaltet und geformt, was eine rasante Entwicklung zur Folge hatte.

When Mannheim became the capital of the Electorate of the Palatinate Charles Philip, a golden age began. When the first stone for the Mannheim Palace was laid, the new construction of the Quadratestadt, the city of squares, began. In addition to the palace, a store and the Jesuit Church, several craft shops, trades and inns were established.

▼ *Schloss Mannheim / Mannheim Palace* ▶

Zu Beginn des 18. Jahrhunderts trug Mannheim unter anderem die Bezeichnung Neu-Jerusalem, was dem Einfluss der Jesuiten zu dieser Zeit zu verdanken war. Als Kurfürst Karl Philipp nach Mannheim kam, begleiteten ihn mehrere jesuitische Patres, darunter auch sein Beichtvater Pater Staudacher.
Im Jahr 1727 wurde ihnen ein an das Schloss angrenzender Platz zur Verfügung gestellt, auf welchem eine Kirche und ein Kolleg erbaut wurden. Die Grundsteinlegung der sogenannten Jesuitenkirche, einst Große Hofkirche genannt, fand 1733 statt. Die Jesuitenkirche ist heute noch erhalten und zählt zu den schönsten Kirchen der Stadt. Im ehemaligen Kolleg der Jesuiten befindet sich heute ein Gymnasium.

Der Sohn Karl Philipps, Karl Theodor, trat nach dem Tod seines Vaters 1742 im Alter von 18 Jahren seine Stellung als neuer Kurfürst an. Im gleichen Jahr ehelichte er seine Cousine Elisabeth von Sulzbach in einer Doppelhochzeit, bei der deren Schwester Maria Anna den Herzog Clemens von Bayern heiratete. Die Hochzeit des Kurfürsten führte jedoch zu keiner glücklichen Ehe.

Several Jesuit fathers accompanied Charles Philip to Mannheim, among them his confessor, Father Staudacher. In 1727 they were provided with a space adjoining the Palace where a church and college were built. The Jesuit Church is one of the most beautiful churches of the city. The former college now houses a Gymnasium, a secondary school.

Jesuitenkirche / Jesuit Church ▼

Unter Karl Theodor entwickelte sich Mannheim durch prachtvolle neue Bauten immer weiter. Der junge Kurfürst führte viele der Bauprojekte zu Ende, die bereits unter seinem Vater begonnen worden waren. Zu seiner Zeit wurde der östliche Flügel des Schlosses fertiggestellt. Im Auftrag des Kurfürsten arbeiteten zahlreiche Architekten an verschiedenen Projekten. So wurde an der Jesuitenkirche weitergebaut, das Kaufhaus in N 1 erhielt sein Dach und die Sternwarte wurde als neue Beobachtungsstation des nächtlichen Himmels errichtet. Das Zeughaus ist bis heute erhalten. Ursprünglich als ein Lager für Waffen und Munition gedacht, befinden sich heute Museumsausstellungen darin. Zur Zeit Karl Theodors wurde die Stadt auch ein wichtiges Zentrum der Wissenschaften und Künste. So hatte dieser im Jahr 1763 die Kurpfälzische Akademie der Wissenschaften (Academia Theodoro-Palatina) gestiftet. Die Bedeutung Mannheims als Stadt der Wissenschaft ist bis heute erhalten geblieben.

Charles Theodore finished many of the building projects started under his father's rule. During his reign the eastern wing of the Palace was completed. Construction of the Jesuit Church continued, the store in N 1 received a roof and an observatory to watch the night sky was built. The armoury still stands today. Originally, the armoury was used to store weapons and ammunition but today it houses a museum. Under the reign of Charles Theodore, the city became an important centre of the sciences and arts. In 1763 he instituted the Palatine Academy of Sciences (Academia Theodoro Palatina).

▲ *Sternwarte / Observatory*

Zeughaus / Armoury ▼

The resident nobility also had numerous buildings erected. Of these palaces only the facade of the Dalberghaus remains, which was already built as early as 1730.

Nicht nur Karl Theodor förderte die Entwicklung der Quadratestadt durch neue Bauten. Der in der Stadt ansässige Adel errichtete ebenfalls eine Reihe von Gebäuden als sogenannte Palais. Von diesen Prunkbauten ist allerdings lediglich die Fassade des Dalberghauses erhalten, das bereits um 1730 erbaut worden war.

During the age of absolutism the role of mercantilism in the trade city Mannheim became more prominent; the architecture of this time reflects this fact very well. The fountain on the Marktplatz (market place) demonstrates the importance of trade for Mannheim. The so-called Kolossalgruppe (colossal group) on the fountain was rebuilt as an allegory for the trade city of Mannheim. The female figure with the crown called Mauerkrone symbolizes the city goddess, Mannheimia. The two gods at her side are embodiments of the Rhine and Neckar. Mercury, the messenger of the gods and god of trade and travellers, is hovering over the city goddess. A young boy with a cornucopia serves as a symbol of prosperity.

Während der Epoche des Absolutismus spielte in Mannheim als wachsender Handelsstadt der Merkantilismus eine tragende Rolle; er spiegelte sich auch in der Architektur wider. So ist der Marktplatzbrunnen, der noch erhalten ist, ein Ausdruck der Bedeutung des Handels für Mannheim. Die sogenannte Kolossalgruppe auf dem Brunnen, die ursprünglich die vier Elemente in Gestalt von vier antiken Gottheiten darstellen sollte, wurde unter dem Kurfürsten zur Allegorie auf die Handelsstadt Mannheim umgebaut. So stellt die Frauengestalt mit der Mauerkrone die Stadtgöttin Mannheimia dar. Die beiden Götter an ihrer Seite stehen für die Flüsse Rhein und Neckar. Der Gott Merkur, der als Götterbote auch der Gott des Handels und der Reisenden ist, schwebt über der Stadtgöttin. Des Weiteren findet sich hier noch ein Knabe mit einem Füllhorn, Sinnbild des Reichtums. Im Sockel des Brunnens befinden sich vier Ausgussöffnungen, die für die Flüsse Rhein, Neckar, Donau und Mosel stehen.

◄ *Marktplatzbrunnen*
Fountain on the market place

Der Merkantilismus wurde in Mannheim gepflegt und gefördert, was dazu führte, dass sich in der Quadratestadt der Wohlstand der Pfalz konzentrierte. Um die Wirtschaftskraft Mannheims zu steigern, wurden verschiedene Manufakturen ins Leben gerufen. Doch die Schaffung eines stabilen Wirtschaftssystems ließ sich mit der Politik des Merkantilismus nicht realisieren, da sie sich nur mit der Produktion höfischer Luxus- und Prestigewaren befasste.

Due to mercantilism, the city of squares became the focus of Palatine prosperity. To increase the economic power of Mannheim, several manufactories were founded. However, it turned out to be impossible to establish a secure economic system, as the focus of mercantilism was on the production of luxury and prestige goods for the royal court.

Die Entwicklung Mannheims von einer ehemaligen Festungsstadt zu einem Ort des Handels und der Kultur blieb auch vielen zeitgenössischen Größen nicht verborgen. So besuchte das musikalische Genie Wolfgang Amadeus Mozart die Quadratestadt vier Mal in seinem Leben, darunter auch mit dem erfolglosen Ziel einer Anstellung. Gotthold Ephraim Lessing verweilte nur kurz in Mannheim. Zwar wurde ihm die Leitung des neu gegründeten Schauspielhauses angeboten, jedoch lehnte er ab.

Für Friedrich Schiller hingegen wurde Mannheim zu einer wichtigen Stadt, zum einen als Zuflucht, zum anderen als der Ort, an dem etliche seiner Stücke ihre Premiere feierten. Die Räuber, Fiesko und Luise Millerin erlebten in der Quadratestadt ihre Uraufführung.

The development from a fortress city to a city full of trade and culture attracted numerous contemporary artists. The musical genius Wolfgang Amadeus Mozart visited the city of squares four times. Gotthold Ephraim Lessing made it a temporary home. He was offered the management of the newly founded theatre, the Schauspielhaus, which he refused. However, for Friedrich Schiller, Mannheim became an important city, partly as a refuge and partly because many of his play premiered here, like The Robbers, Fiesco and Luise Miller.

Der Tod des bayerischen Kurfürsten Maximilian III. 1777 führte durch die Erbfolge dazu, dass der kurpfälzische Hof von Mannheim nach München zog. Dies bescherte der Stadt einen Bevölkerungsverlust, da neben den Bediensteten des Hofes auch Soldaten der Garnison sowie Lieferanten und andere Beschäftigte nach München gingen. Die Bevölkerungszahl Mannheims verringerte sich um ca. 3.000 Personen auf 22.500 Bewohner. Ende des 18. Jahrhunderts besuchte Kurfürst Karl Theodor Mannheim zum letzten Mal.

Due to the death of Maximilian III Joseph, Elector of Bavaria, and the order upon succession, the court of the Electoral Palatinate was moved from Mannheim to Munich. This caused a loss of population as household servants, soldiers, purveyors and other personnel left for Munich. The population shrunk by about 3,000 people to 22,500 inhabitants. At the end of the 18th century, Charles Theodore visited Mannheim for the last time.

Die Französische Revolution 1789 führte zu zahlreichen Flüchtlingen, von denen knapp 4.000 aus Frankreich und linksrheinischen Regionen in die Quadratestadt kamen, was den vorigen Bevölkerungsverlust wieder ausglich. Die Ankunft französischer Adliger sorgte mitunter für Probleme mit der Mannheimer Bevölkerung. Kurfürst Karl Theodor, der darauf bedacht war, zur französischen Revolutionsregierung ein neutrales Verhältnis zu behalten, verbot diesen Adligen jede Form politischer Betätigung. Ein großes Misstrauen wurde auch gegen die Sympathisanten der französischen Revolution gehegt, von denen es in der Quadratestadt einige gab.

As a result of the French Revolution of 1789, numerous refugees made their way to the square city, most of them coming from France and areas west of the Rhine, and thus compensated for the former loss of population.

Die französischen Revolutionskriege zogen die Quadratestadt deutlich in Mitleidenschaft. So wurde die Stadt um Weihnachten 1794 durch die französischen Heere beschossen, die zu diesem Zeitpunkt bereits seit zwei Jahren am linken Rheinufer lagen. Im September 1795 marschierten die Franzosen schließlich in Mannheim ein. Seitens der Österreicher wurde die Stadt, der man aufgrund ihrer Übergabe an die Franzosen Verrat vorwarf, nun wiederum bombardiert. Im November des Jahres 1795 wurde Mannheim durch den österreichischen Beschuss weitläufig zerstört, und am 22. November fand der Einmarsch der Truppen Österreichs statt. Die Festung samt den dazugehörigen Verteidigungsanlagen wurde im Zuge dieses Einmarsches zerstört und niedergerissen.

The Revolutionary Wars strongly affected the city of squares. Around Christmas 1794 the city was under fire from the French army; in September 1795 the French invaded. As the city was surrendered to the French, Austria declared the city a traitor and began bombarding Mannheim itself. In November 1795, Mannheim was largely levelled by Austria and the city was invaded on 22 November. The fortress and all defence works were destroyed and knocked down.

Neben der Epoche des Absolutismus, die sich im Mannheimer Stadtbild niederschlug, war die zweite prägende Epoche der Jugendstil. Typische Bauten dieser Zeit lassen sich auch heute in der Stadt bewundern, allen voran der um das Stadtwahrzeichen Wasserturm herum gelegene Friedrichsplatz. Auch der Wasserturm selbst ist durch den Jugendstil geprägt.

The cityscape was not only shaped by absolutism but also by art nouveau. Many of the typical buildings from this era can still be seen today, most of all, the Friedrichsplatz with its famous landmark, the Wasserturm, the water tower.

Wasserturm ▶
Water tower

▼ Friedrichsplatz

Die Industrialisierung, die während des 19. Jahrhunderts begann und sich im 20. Jahrhundert in Mannheim weiter durchsetzte, formte die Stadt und sorgte für weiteres Wachstum. Für viele Bewohner der nahen Ortschaften rund um Mannheim wurde die Industrie der Stadt ein wichtiger Arbeitgeber. Auch das kulturelle Angebot lockte die Menschen, sodass etliche Orte sich Mannheim annäherten und schließlich um eine Eingemeindung bemühten. Durch diesen Zuwachs an neuen Stadtteilen, von denen einige durch den späteren Ausbau nahtlos in bereits vorhandene Stadtgebiete übergingen, wuchs die Gesamtfläche Mannheims deutlich an.

The age of industrialisation began in the 19th century and became important in Mannheim in the 20th century by shaping the city and contributing to its growth. Many inhabitants of the surrounding towns found work in the industry. Cultural institutions and offers attracted many people, causing towns to grow towards the city and attempt to become incorporated. Thus new districts were added, many of which were seamlessly connected to the city by constructional measures, and so the total area of the city increased considerably.

▼ *Technoseum*

Die Bombardierungen im Zweiten Weltkrieg sorgten in Mannheim für erhebliche Schäden und zerstörten einen großen Teil der Altbauten. Mannheim wurde am 17. März 1945 seitens der Amerikaner zur Kampfzone erklärt, was dazu führte, dass ein beträchtlicher Teil der Bevölkerung in den Odenwald floh. Am 29. März besetzten alliierte Truppen die Innenstadt, und am 30. März, Karfreitag, war die ganze Stadt besetzt. Nach dem Ende des Krieges begann der langwierige Wiederaufbau. Das zerstörte Schloss und der Wasserturm wurden wiedererrichtet. Das Nationaltheater entstand an einer neuen Stelle. Die erneut anwachsende Bedeutung als Industriestandort sorgte dafür, dass Mannheim auch nach dem Krieg wieder an Prestige gewann. Da aufgrund der Zerstörungen Wohnungsnot herrschte, wurden neue Wohngebiete errichtet; durch die Bombardierungen waren nur 17 Prozent der vor Kriegsbeginn zur Verfügung stehenden Wohnungen erhalten geblieben. Die Mannheimer mussten in Kellern, Baracken, Bunkern und zerstörten Gebäuden unterkommen. Hinzu kam die Beschlagnahmung von Wohnungen durch die Amerikaner. Der noch vorhandene Wohnraum musste durch das Wohnungsamt zugeteilt werden. Unter dem Druck, neue Wohngebiete zur Verfügung zu stellen, wurden neue Regionen erschlossen und bereits vorhandene Stadtteile ausgebaut. Darunter fallen die Bebauungen am Neckarufer, die Gegend in Waldhof Ost sowie später der Stadtteil Vogelstang. Letzterer wurde ab 1965 als komplett neuer Stadtteil angelegt und sollte neuen Wohnraum für bis zu 20.000 Personen zur Verfügung stellen.

Nationaltheater / National Theatre

Air raids during World War II caused considerable destruction and levelled the majority of the older buildings. The Allied troops took over the city centre on 29 March 1945 and on 30 March, Good Friday, the whole city was occupied. After the war had ended, a long phase of reconstruction began. The Palace and Wasserturm were rebuilt. The National Theatre was reconstructed on a new site. Again, Mannheim became an important industrial centre and major influence. After the air raids only 17 percent of living space was inhabitable; many people had to live in basements, shacks, bunkers and destroyed buildings. The situation was aggravated as numerous houses were seized by the American troops. Due to the pressure of providing housing, new regions were developed and existing parts of the city expanded. Among these were constructions along the Neckar, the area around Waldhof Ost and Vogelstang. The latter became a completely new district in 1965, with housing for up to 20,000 people.

Die Bundesgartenschau im Jahr 1975 führte als großes Ereignis in Mannheim zu etlichen Neuerungen im Stadtbau. Dazu gehörte auch der Fernmeldeturm, der seither zur Skyline der Quadratestadt gehört. Als Gelände für die Bundesgartenschau wurden sowohl der Luisen- als auch der Herzogenriedpark umgestaltet und verschönert.

The Bundesgartenschau (Federal horticulture show) 1975 initiated many urban improvements, among them the telecommunication tower, Fernmeldeturm. Both the Luisenpark and Herzogenriedpark were redesigned and improved as venues for the Bundesgartenschau.

Der Umbau der Planken zu einer Fußgängerzone fand in den 1970er-Jahren statt. Am Neckarufer entstand das gewaltige Collini-Center, und auf der anderen Seite des Neckars wurden drei identische Hochhäuser errichtet, die gemeinsam die Neckaruferbebauung Nord bilden. Im Zeitraum der 1980er-Jahre bis heute kamen weitere Bauten dazu, die Mannheims bereits vorhandene Vielfalt erweiterten. So entstanden das Landesmuseum für Technik und Arbeit, das inzwischen den Namen Technoseum trägt, sowie das in direkter Nachbarschaft gelegene Planetarium. An die alte Kunsthalle am Friedrichsplatz wurde ein Neubau angefügt, der inzwischen wieder abgerissen wurde und durch einen neuen Anbau ersetzt werden soll. Das Reiss-Engelhorn-Museum in D 5 kam ebenfalls hinzu und erfreut sich dank seiner vor allem historischen Ausstellungen einer hohen Besucherzahl.

Seit dieser Zeit hat sich die Stadt unaufhörlich weiterentwickelt. Noch ist die Industrie ein wichtiger Faktor, doch wie in anderen Städten und Regionen hat sich auch hier ein Wandel hin zur Dienstleistungsgesellschaft vollzogen, der allmählich spürbar wird. Im Jahr 2007 feierte Mannheim sein 400-jähriges Jubiläum.

▼ *Planken*

▲ Collini-Center

▲ Reiss-Engelhorn-Museum, Zeughaus
Reiss-Engelhorn-Museum, Armoury

▲ Planetarium

The Planken was retrofitted as a pedestrian zone in the 70s. Along the banks of the Neckar the giant Collini-Center was built. The State Museum of Technology and Work (now called the Technoseum) began construction in the 80s, as did the neighbouring planetarium. The old Kunsthalle at the Friedrichsplatz was extended, however the extension has been torn down and will be replaced by a new addition to the building. The Reiss-Engelhorn-Museum, added in D 5, has a large number of visitors. In 2007, Mannheim celebrated its 400th anniversary.

Das Wahrzeichen der Stadt, der Wasserturm, wurde 1889 erbaut und befindet sich am Friedrichsplatz. Die gesamte Anlage mit Grünflächen und Wasserspielen ist im Jugendstil gehalten. Als weiteres Wahrzeichen kann auch das Mannheimer Barockschloss betrachtet werden. Dieses wurde im 18. Jahrhundert erbaut und gilt nach dem berühmten Schloss Versailles als die größte barocke Schlossanlage Europas. Es besitzt beinahe 500 Räume.

Das Rathaus wurde 1700 nach seiner Zerstörung wieder aufgebaut. Die Katholiken erwirkten beim Kurfürsten für den Westteil des Baus eine Kirche, die als Teil des alten Rathauses erhalten blieb.

▼ *Mannheimer Schloss / Mannheim Palace* *Friedrichsplatz* ▲

The civic symbol of Mannheim, the Wasserturm, water tower, was built in 1889 and can be found at the Friedrichsplatz. The whole area, including green spaces and fountains, was built in an art nouveau style. Another symbol of the city is the Mannheim Palace. It was built in the 18th century and is considered the second biggest palace in Europe, outranked only by the Palace of Versailles. It contains almost 500 rooms.

The town hall was reconstructed in 1700 after its destruction. The Catholic Church convinced the prince-elector to construct the western part as a church which remains part of the old town hall.

Schon immer weltoffen

Als Arbeiter- und Einwandererstadt war Mannheim stets offen für Zuwanderung. Die ersten „Gastarbeiter" kamen in den 1950er-Jahren. Den Anfang machten Italiener, gefolgt von Polen und Türken. Letztere stellen den größten Teil der ausländischen Bewohner. Das in der Innenstadt gelegene Viertel zwischen Marktplatz und Jungbusch wird umgangssprachlich gerne als Klein Ankara oder Klein Istanbul bezeichnet und ist als ungemein vielfältiger Stadtteil bekannt.

The cosmopolitan city

Mannheim has always been a city of workers and immigrants. The earliest foreign workers arrived in the 1950s. Among the first were workers from Italy, followed by Polish and Turkish workers. The latter now make up the majority of foreign residents. The city centre between the Marktplatz and Jungbusch is often called Little Ankara or Little Istanbul and is generally known as a diverse district.

◄ *Breite Straße* ▼ *Marktplatz / Market place* *Jungbusch* ▲

Aufgrund seiner Einwanderungsgeschichte hat sich Mannheim im Laufe der Zeit mehr und mehr zu einer Metropole der Vielfalt entwickelt. Im friedlichen Zusammenleben von Menschen verschiedener Herkunft und Kultur spiegelt sich in der heutigen Zeit die multikulturelle Offenheit, die hier im 17. Jahrhundert zum ersten Mal in Erscheinung trat. Dies zeigt sich nicht zuletzt an den religiösen Bauten, die als solche bereits ein Ausdruck der verschiedenen Religionen sind, die zur Quadratestadt dazugehören.

Mannheim's long history of immigration has turned it into a city of diversity. The peaceful coexistence of different people from different countries and cultures can still be seen in today's openness towards multicultural concepts, which was first noted in the 17th century. This is obvious from the many religious buildings found in the city of squares which in themselves are an expression of various religions.

Eindrucksvolle Sakralbauten wie die Jesuiten-, die Christus- und die Konkordienkirche – Letztere mit dem höchsten Kirchturm Mannheims – sind Zeugen der reichen christlichen Vergangenheit der Stadt. Der Verfolgungs- und Vernichtungspolitik des Dritten Reichs zum Trotz hat auch das Judentum seinen festen Platz zurückgewonnen, wie die im Jahr 1987 erbaute Synagoge jedem Besucher bezeugen kann. Die im Stadtteil Jungbusch beheimatete Yavuz-Sultan-Selim-Moschee, die 1995 erbaut wurde, zeigt, dass auch der Islam ein bedeutender Teil der Mannheimer Stadtkultur ist. Diese Moschee ist eine der schönsten Deutschlands und Besuchern gegenüber offen.

▲ *Jesuitenkirche / Jesuit Church*

Konkordienkirche ▼

▲ *Christuskirche*

Moschee / Mosque ▼

Synagoge / Synagogue ▼

Impressive sacred buildings like the Jesuit Church, the protestant Christuskirche and Konkordienkirche bear witness to the diverse Christian past of the city. Despite the policy of extermination during the Third Reich, Judaism has been re-established in the city, as can be seen from the building of a synagogue in 1987. The mosque Yavuz-Sultan-Selim-Moschee in the Jungbusch district, built in 1995, shows that Islam is an important part of the city's culture. The mosque is considered one of the most beautiful ones in Germany and is always open for visitors.

Nicht nur die verschiedenen ansässigen Religionen nebst ihren Bauten sind Zeugen der städtischen Vielgestaltigkeit. Bereits in der Architektur und dem Erscheinungsbild der zahlreichen Stadtteile offenbart sich, dass Mannheim vor allem eines ist: abwechslungsreich. Schon die Innenstadt bietet dem Besucher ein wechselndes Stadtbild, in dem sich moderne Gebäude und Altbauten ergänzen. Orte wie der Parade-, der Markt- und der am Wasserturm gelegene Friedrichsplatz sind zentrale Punkte, von denen aus sich das einmalige System der Quadratestadt erkunden lässt.

Paradeplatz / Parade square

However, it's not only the resident religions and their sacred buildings that bear witness to the diversity of the city. The city centre shows a multifaceted cityscape where old and new complement each other. The unique system of the city of squares can easily be explored from central points, such as the Paradeplatz, Marktplatz, and the Friedrichsplatz with the Wasserturm.

Als typisch für Mannheim gilt der Dialekt, häufig als Monnemerisch bezeichnet. Die Monnemer Muddaschbrooch gehört zu den rheinfränkischen und ostpfälzischen Mundarten. Die für Mannheim typische Diversität spiegelt sich sogar in dieser Art des Sprechens wider, wenn man die verschiedenen Einflüsse beachtet, durch die der Dialekt entstanden ist. Am Entstehungsprozess waren neben dem Ostfränkischen vor allem das Französische, das Italienische, das Holländische sowie das Jiddische und das Rotwelsche beteiligt. Besonders der französische Einfluss lässt sich noch an zahlreichen Begriffen erkennen.

Rathaus / City Hall

The typical Mannheim dialect is called Monnemerisch in German. The Monnemer Muddaschbrooch dialect is part of the Ripuarian Franconian and Eastern Palatinate dialects. It was influenced by East Franconian and most of all French, Italian, Dutch, as well as Yiddish and Rotwelsch (Thieves' cant). Especially the French influence is still visible in numerous expressions.

Stadt der Erfinder

Neben seiner wechselhaften Geschichte und kulturelle Fülle darf sich die Quadratestadt auch mit dem Titel Stadt der Erfinder schmücken. Als bedeutendste Persönlichkeiten sind hierbei Carl Benz und Karl Freiherr von Drais zu nennen. Letzterer wechselte seinen Wohnsitz 1810 von Karlsruhe nach Mannheim und wohnte im Quadrat M 1, 8. Im Hungerjahr 1817 erfand er die Draisine, ein Laufrad. Mit diesem Fahrgestell, das sich vom heutigen Fahrrad lediglich durch die noch fehlenden Pedalen unterschied, unternahm der Erfinder am 12. Juli 1817 eine Fahrt nach Schwetzingen. Die Erfindung fand Beachtung, die weit über die Region hinaus bis ins Ausland reichte, was zum Teil durch zeitgenössische Karikaturen belegt wird, die sich spottend über die Laufmaschine äußerten. Dennoch erfreute sich das Laufrad einer wachsenden Beliebtheit. Nach und nach waren Modelle der Draisine in Europa verbreitet. Durch die spätere Erfindung der Tretkurbel sollte sie sich zum Fahrrad weiterentwickeln. Karl Drais, der sich zeitlebens auch mit dem Entwurf und der Arbeit an anderen Maschinen beschäftigte, verhalfen seine Ideen jedoch nicht zu Wohlstand und Erfolg. Im Jahr 1851 verstarb er arm in Karlsruhe. Sein Name und der seiner Erfindung leben jedoch als bedeutender Teil der Mannheimer Geschichte weiter.

Karl Drais ▶

City of inventors

The city of squares is a city of inventors. One of these is Karl Drais. He used his velocipede – the only difference to a bicycle is a lack of pedals - for a trip to Schwetzingen on 12 July 1817. Models of the draisine gradually spread all over Europe. Throughout his life, Karl Drais tinkered with other machines but his ideas never brought him fame and success. In 1851 he died a poor man in Karlsruhe. His name and invention live on as an important part of the history of Mannheim.

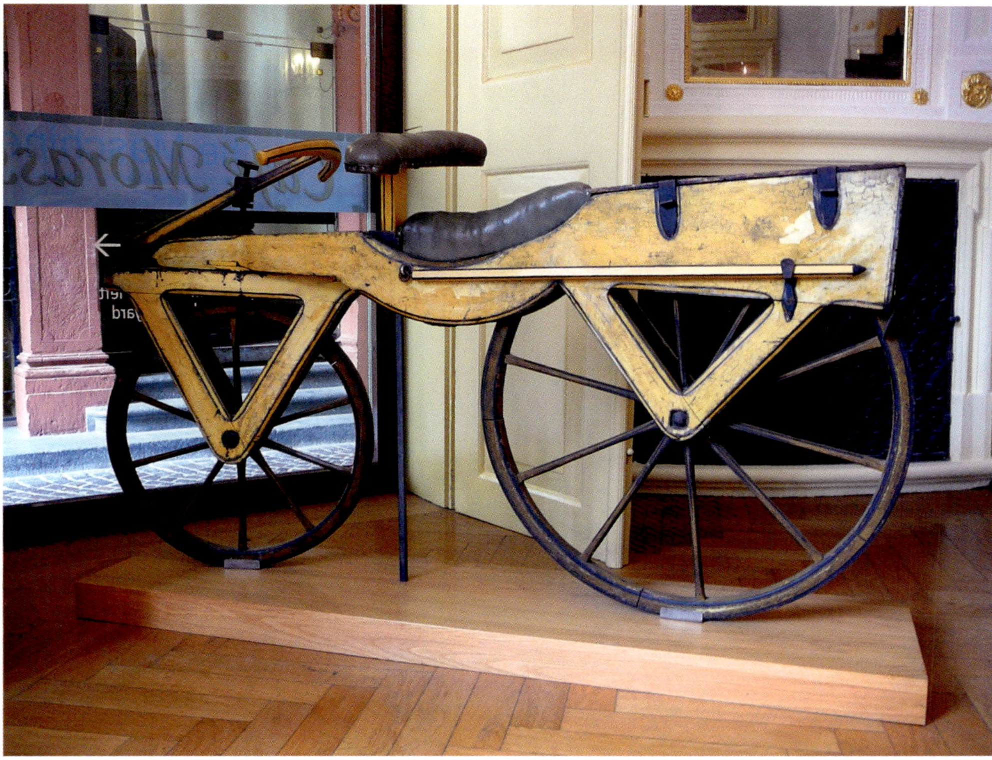

Draisine

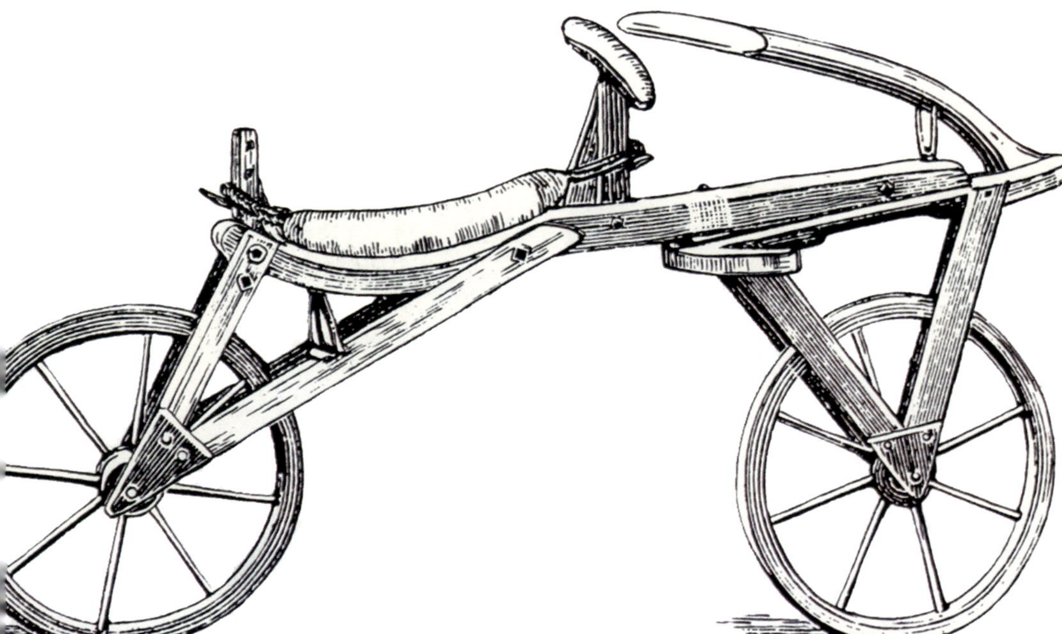

Eine weitere Mannheimer Größe ist der weltbekannte Carl Benz, der als Erfinder des Autos in die Geschichte eingegangen ist. So wie auch Karl Drais arbeitete der Konstrukteur Carl Benz in den Quadraten der Innenstadt. Seine Werkstatt, die er 1871 einrichtete, befand sich in T 6, 11. Dort arbeitete er, bis ihm 1878 schließlich der Durchbruch gelang: Er brachte den Zweitaktmotor, an dem er gearbeitet hatte, zum Laufen. Anschließend widmete er sich den Problembereichen seiner Konstruktion, unter anderem der elektrischen Zündung, dem Vergaser sowie dem Einbau des Motors in das dafür vorgesehene Fahrzeug. 1885 war das erste Automobil von Carl Benz bereit für seine Jungfernfahrt. Die dreirädrige „Berta Benz" mit ihrem Viertaktmotor gilt als das erste Automobil der Welt.

Die Erfindung von Carl Benz fügte sich in die wachsende Bedeutung Mannheims als Industriestadt. Die Aufspaltung der Firma in Benz mit ihrer Lage im Stadtteil Waldhof und Motorenwerke Mannheim in der Neckarstadt war mitverantwortlich für die Entwicklung beider Orte zu Arbeitervierteln, als die sie zum Teil auch heutzutage noch bekannt sind.

Carl Benz ▶

Carl Benz went down in history as the inventor of the automobile. Just like Karl Drais the designer worked in the square district of the city centre. His workshop, established in 1871, was in T 6, 11. He worked there until his breakthrough in 1878: in 1885 the first automobile by Carl Benz was ready for the road. The three-wheeled "Berta Benz" with a four-stroke engine is considered the first automobile in the world. The invention came at a time when Mannheim's importance as an industrial city was growing.

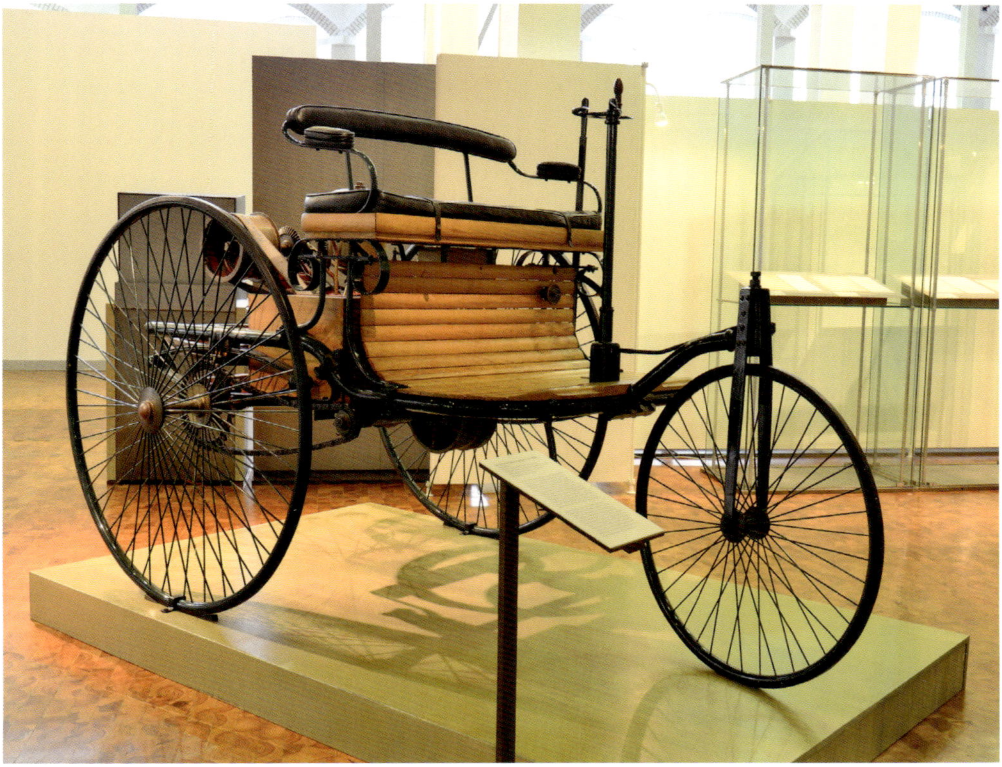

▲ *Das erste Automobil der Welt / The world's first automobile* *Technoseum* ▼

Musik und Kultur

Neben seiner Geschichte, der Architektur und den Erfindungen sind auch Musik und Kultur eng mit der Quadratestadt verwoben. Die Bedeutung Mannheims als Musikstadt nahm ihren Anfang mit den Förderungen der Künste durch den Kurfürsten Karl Theodor in der Mitte des 18. Jahrhunderts. Dieser sorgte dafür, dass die Hofkapelle nach der Rückkehr des Hofes von Düsseldorf nach Mannheim im Jahr 1747 zu einem der größten und besten Ensembles ihrer Zeit ausgebaut wurde. Bei keinem anderen Orchester dieser Epoche gab es mehr bedeutende Komponisten und Virtuosen in einer Person. Die beiden ersten waren Johann Stamitz und Christian Cannabich.

Music and culture

The importance of Mannheim as a city of music began when Charles Theodore fostered the arts in the middle of the 18th century. Thus the court orchestra was extended to become one of the biggest and best ensembles of its time. No other orchestra united as many composers and virtuosi all in one person. The first two were Johann Stamitz and Christian Cannabich.

Nationaltheater, 1957 an neuem Ort wiedererrichtet
National Theatre, reconstructed on a new site in 1957

Die Bedeutung Mannheims durch die Hofkapelle mag der Hauptgrund dafür gewesen sein, warum Wolfgang Amadeus Mozart die Stadt viermal besuchte. So war er 1763 als Wunderkind im Alter von sechs Jahren in Mannheim und dem benachbarten Schwetzingen zu Besuch. Seinen zweiten Aufenthalt hatte er vom 30.10.1777 bis zum 13.04.1778. Im Jahr 1778 kam er auch zum dritten Mal nach Mannheim. Sein Anliegen war hierbei die Stellungssuche, die jedoch ohne Erfolg blieb. Besonders der zweite Aufenthalt des Musikgenies in Mannheim prägte Mozarts Leben. Während dieser Zeit lernte er die modernen Musikströmungen sowie eine Vielzahl fähiger Musiker kennen und schrieb eigene Konzertarien. Auch seiner späteren Frau Constanze begegnete Mozart in Mannheim zum ersten Mal. Bei seinem vierten und letzten Besuch im Jahr 1790 erlebte er im Mannheimer Nationaltheater die deutschsprachige Uraufführung seiner Oper Die Hochzeit des Figaro, welche er persönlich dirigierte.

◄ *Wolfgang Amadeus Mozart*

The importance of the Mannheim court orchestra may be one of the reasons why Wolfgang Amadeus Mozart visited the city four times. In 1763 the child prodigy visited Mannheim and the neighbouring Schwetzingen at the age of six. His second visit was from 30 October 1777 to 13 April 1778. In the same year he visited Mannheim for a third time. He was seeking employment, however, he remained unsuccessful. The musical genius was especially influenced during his second visit. During his stay he learned about modern musical genres, met numerous talented musicians, and wrote his own concert arias. He also met his wife to be, Constanze, for the first time in Mannheim. During his fourth and last visit in 1790 he personally conducted the German premiere of his opera The Marriage of Figaro in the National Theatre Mannheim.

Durch den Umzug des Hofes nach München 1778 verlor die Stadt zwar einen beachtlichen Teil der Hofkapelle, doch im Gegenzug wurde die Musikalische Akademie gegründet. Diese führte die Musiktradition der Mannheimer Schule fort. Im gleichen Jahr fand am 20. November bereits ein von den verbliebenen Mitgliedern der Hofkapelle organisiertes Konzert für die Bürger in Mannheim statt. Dieses erste Konzert wird als die Geburtsstunde der Musikalischen Akademie des Nationalorchesters Mannheim betrachtet.

Rosengarten, Kongress- und Konzerthaus / Rose garden, congress centre and concert hall

When the court moved to Munich in 1778, the city lost a major part of the court orchestra but in turn the musical academy was founded. On 20 November of the same year the remaining members of the court orchestra organised a concert for the citizens of Mannheim. This first concert is seen as the birth of the musical academy of the National Orchestra Mannheim.

Auch die Geschichte musikalischer Hochschulen in der Quadratestadt ist beeindruckend. So wurde bereits 1776 am Hof des Kurfürsten Karl Theodor von Abbé Vogler die Mannheimer Tonschule ins Leben gerufen. Gemeinsam mit der im Jahr 1762 entstandenen kurpfälzischen Tanzakademie bildete diese den musikalischen Grundstock in Mannheim, was schließlich bis zur heute noch existierenden Musikhochschule führte. Diese wurde als staatliche Einrichtung unter dem Namen Staatliche Hochschule für Musik und Darstellende Kunst 1971 gegründet. Heute hat diese Hochschule ihren Sitz im Quadrat N 7 im ehemaligen Siemenshaus.

Musikhochschule / Musical academy

The history of musical academies in the city of squares is impressive. In 1776, Abbé Vogler initiated the Mannheimer Tonschule at the court of Charles Theodore. Together with the Electoral Palatinate's dance academy, it is the musical foundation of Mannheim, leading to today's musical academy. It was founded as a state institution called Mannheim University of Music and Performing Arts in 1971.

▼ *Popakademie / University of Popular Music and Music Business*

Dass die Bedeutung der Musik in Mannheim bis zum heutigen Tag erhalten blieb, zeigt sich auch durch die Popakademie, die sich im Stadtteil Jungbusch am Neckarufer befindet. Direkter Nachbar ist die Musikpark Mannheim GmbH, die 2004 am Verbindungskanal eröffnet wurde.

Nicht nur die Musik Xavier Naidoos oder der „Söhne Mannheims" ist deutschlandweit bekannt. Auch als Konzertstadt hat Mannheim durch das Maimarktgelände sowie die SAP Arena einiges zu bieten. Ob Rocklegenden wie die Rolling Stones und Bon Jovi oder Popstars wie Robbie Williams: Sie alle waren in Mannheim zu Gast.

◄ *SAP Arena*

▼ *Maimarkt*

The fact that music still plays an important role in Mannheim today can be seen in the Popakademie (University of Popular Music and Music Business) in Jungbusch at the Neckar. Right next to it is the Musikpark Mannheim GmbH, founded at the connecting channel. But more than the music by Xavier Naidoo or the "Söhne Mannheims" (sons of Mannheim) is known all over Germany. Mannheim also offers popular venues for concerts: the site of the Maimarkt and the SAP Arena. They have hosted rock legends like the Rolling Stones and Bon Jovi and pop stars like Robbie Williams.

Neben der Musik spielte auch das Theater eine tragende Rolle in Mannheim, was in seinen Anfängen ebenfalls den Förderungen durch Karl Theodor zu verdanken war. Die im Westflügel des Mannheimer Barockschlosses gelegene Hofoper wurde 1748 durch einen Theatersaal ergänzt. In diesem traten jedoch nur französische Schauspieler auf. Den deutschsprachigen Schauspielgruppen waren lediglich im Freien gelegene Wanderbühnen vorbehalten. Dies änderte sich, als das deutsche Theater durch die zunehmenden Besuche Karl Theodors ab 1767 aufgewertet wurde. Der Kurfürst zog das deutsche Theater dem französischen Schauspiel sowie der italienischen Oper deutlich vor. Die von Kurfürst Karl Theodor im Jahr 1775 gegründete Deutsche Kurpfälzische Gesellschaft widmete sich der Pflege der deutschen Sprache und Literatur und strebte die Gründung eines Nationaltheaters in Mannheim an. 1776 wurde schließlich das im Quadrat B 3 gelegene alte Schütthaus zu einem Theater umgebaut. Bei diesem handelte es sich um einen ehemaligen Frucht- und Kornspeicher.

The theatre also plays an important role in the city, mostly thanks to the support of Charles Theodore during its early days. The Hofoper (court opera) in the west wing of the Palace was extended by a theatre in 1748. At first, French actors were preferred, however, Charles Theodore favoured the German theatre over French plays and Italian operas. In 1775 he founded the Deutsche Kurpfälzische Gesellschaft to cultivate the German language and literature and to found a national theatre in Mannheim. In 1776 the old Schütthaus in square B 3 was turned into a theatre.

Unter der Führung des Architekten, Theatermalers und Kupferstechers Lorenzo Quaglio wurde das Theater in das Teutsche Comödienhaus und Churfürstliche Nationaltheater umgebaut. Dieses Theaterhaus stand seit 1839 unter bürgerlicher Verwaltung, wurde im Zweiten Weltkrieg zerstört und 1957 am Goetheplatz in schlichter Nachkriegsbauweise wiedererrichtet. Es ist heute eines der ältesten Kommunaltheater Deutschlands.

Altes und neues Nationaltheater / Old and new National Theatre

Under management of the architect, stage designer and copperplate engraver Lorenzo Quaglio the theatre was turned into the Teutsche Comödienhaus und Churfürstliche Nationaltheater. The theatre has been under civil management since 1839. It was destroyed in World War II and rebuilt on the Goetheplatz in 1957, in the sober style that was common after the war. Today it is one of the oldest local theatres in Germany.

Die Leitung des neu gegründeten Theaters bot man Gotthold Ephraim Lessing an, der im Januar 1777 in Mannheim zu Besuch war. Der lehnte ab, daraufhin wurde Bühnendirektor Marchant zum ersten Leiter des Theaters ernannt, jedoch schloss er sich bereits 1778 dem Umzug des Hofes nach München an. Trotzdem sollte das Theater in Mannheim seinen Einfluss nicht verlieren. Berühmt ist es an erster Stelle durch die Uraufführung des Stückes Die Räuber von Friedrich Schiller. Das Nationaltheater Mannheim hat seine Bedeutung als kulturelles Highlight bis heute bewahrt.

Gotthold Ephraim Lessing was offered the management of the new theatre. When he refused, stage director Marchant became the first director of the theatre. However, he followed the court's move to Munich in 1778. Despite this, the theatre did not lose any influence. It is known for the inaugural performance of Friedrich Schiller's The Robbers. The National Theatre Mannheim remains an important cultural highlight today.

Capitol ▲

Neben Musik und klassischem Theater treten auch Kabarettisten und Komödianten regelmäßig in der Quadratestadt auf. Besonders beliebt sind das Capitol in der Neckarstadt und die SAP Arena. Ein erfolgreicher Mannheimer Star der Comedy-Szene ist Bülent Ceylan, der in ganz Deutschland das Publikum begeistert.

Aside from musical and classical theatre, the city of squares also hosts cabaret artists and comedians. The most popular venues are the Capitol in the Neckarstadt and the SAP Arena. One of the successful Mannheim comedians is Bülent Ceylan, who delights audiences all over Germany with his Mannheim dialect and by slipping into various roles.

◀ *Schillerhaus*

Industriestandort

Neben seiner Stellung als historische Stadt der Vielfalt, der Musik und der Kultur ist die Quadratestadt vor allem als Industriestandort bekannt. Das hängt sowohl mit der Nähe zu Rhein und Neckar als auch mit der Erfindung von Carl Benz zusammen. Die Eröffnung des Rheinhafens im Jahr 1828 sowie die erste badische Eisenbahnlinie von Mannheim nach Heidelberg 1840 sind hierbei als wichtige Ereignisse zu nennen. Die Gründung der Badischen Anilin- und Sodafabrik, kurz BASF, durch Friedrich Engelhorn 1865 ist ein weiterer Meilenstein der Industriegeschichte, auch wenn die „Anilin" später zum erheblichen Teil auf die westliche Rheinseite nach Ludwigshafen verlegt wurde. Die Erbauung und Eröffnung des Großkraftwerks im Stadtteil Neckarau in den Jahren 1921 und 1922 hat ebenfalls entscheidend zur Entwicklung des Industriestandorts Mannheim beigetragen. Hinzu kam das Heizkraftwerk Nord auf der Friesenheimer Insel, welches 1964 in Betrieb genommen wurde. Beide besaßen eine tragende Rolle bei der Energieversorgung der örtlichen Industrie.

Großkraftwerk Neckarau / Large power station in Necke

Industrial city

Mannheim is a historical city of diversity, music and culture but it is also an important location for industry. This is due to the proximity to the Rhine and Neckar, as well as the Carl Benz's inventions. Two important events in its history are the opening of the Rhine harbour in 1828 and the first Baden railway line from Mannheim to Heidelberg in 1840. The founding of the Badische Anilin- und Sodafabrik (BASF, Baden Aniline and Soda Factory) by Friedrich Engelhorn in 1865 is a further milestone of local industrial history, even if BASF was later mostly moved to Ludwigshafen. The large power station in Neckerau (since 1921/22) and the combined heat and power station Heizkraftwerk Nord on the Friesenheimer Insel played an important role in supplying energy for the local industry.

Heizkraftwerk Nord / Combined heat and power station Heizkraftwerk Nord

Die zentrale Rolle der Industrie in der Geschichte und Entwicklung Mannheims lässt sich auch heute noch am Stadtbild erkennen. Der Industriehafen, die westliche Neckarstadt und die Friesenheimer Insel sind in ihrem Erscheinungsbild klar industriell geprägt. Darum ist Mannheim zu Recht als Arbeiterstadt bekannt. Selbst das freche Badener Lied enthält die Zeile „In Karlsruhe ist die Residenz, in Mannheim die Fabrik". Sein Wachstum hat Mannheim vor allem der Industrialisierung zu verdanken. Die erst sorgte dafür, dass sich viele kleinere Ortschaften der Quadratestadt annäherten und sich schließlich um eine Eingemeindung bemühten. Als Arbeiterstadt bot Mannheim den Bewohnern der Randbezirke wichtige Arbeitsplätze.

The central role of industry in Mannheim's history is reflected in the cityscape. The industrial harbour, the western Neckarstadt and the Friesenheimer Insel have been shaped by industry. Even the cheeky Baden song contains the line "In Karlsruhe ist die Residenz, in Mannheim die Fabrik" (The residence is in Karlsruhe, the factory is in Mannheim). Mannheim's growth is largely attributed to industrialisation. It was the reason many smaller towns in the vicinity sought to be incorporated in the city. Mannheim offered many important jobs to the workers on the outskirts.

Wirtschaftlich gesehen bildet Mannheim nach wie vor das Zentrum der Kurpfalz. Das Mercedes-Benz-Werk gehört zu den wichtigen Arbeitgebern der Stadt. Viele weitere Firmen haben in Mannheim ihren Sitz. Dazu gehören Siemens, SCA, Roche Diagnostics und John Deere. Durch die Eichbaum-Brauerei besitzt die Kurpfalzmetropole ihre eigene Biermarke. Zwar hat sich auch hier der Trend von der Industrie in Richtung Gewerbe und vor allem Dienstleistung bemerkbar gemacht, dennoch gehört die Industrie in Mannheim noch immer fest zum modernen Stadtbild dazu.

In an economic sense, Mannheim remains the centre of the Electoral Palatinate. The Mercedes Benz factory in Mannheim is one of the most important employers of the city. Numerous other companies have their headquarters in Mannheim. Among them are Siemens, SCA, Roche Diagnostics and John Deere. The Eichbaum beer brewing company supplies Mannheim's brand of beer. Despite a trend to move from industry to trade and services, the industrial past is still an important part of the cityscape.

Stadtleben

Mannheim bietet ein lebendiges und abwechslungsreiches Stadtleben, das sich nicht nur auf die Innenstadt beschränkt. Dennoch stellen die Planken und der Paradeplatz samt der umgebenden Quadrate das Zentrum dar.

City life

Mannheim offers a lively and varied urban life which is not only limited to the city centre. However, the streets Planken and Breite Straße and the surrounding squares make up the centre of the city.

▲ Stadthaus

Grupello-Pyramide ▼
Grupello pyramid

Der Paradeplatz liegt zentral in den Quadraten und wird durch die Kurpfalzstraße, auch als Breite Straße bekannt, sowie durch die Planken und die Kunststraße eingefasst. Seinen Namen erhielt der Platz aufgrund der dort veranstalteten Truppenaufmärsche unter den in Mannheim residierenden Kurfürsten. Seine Errichtung erfolgte nach der ersten Zerstörung Mannheims durch die pfälzischen Erbfolgekriege. Zwischenzeitlich war der Platz auch unter dem Namen Alarmplatz bekannt. Er ist von Baumpflanzungen umgeben und schließt in nördlicher Richtung an das Stadthaus an. Bemerkenswert ist der Brunnen mit der Grupello-Pyramide. Sie wurde im Jahr 1711 vom flämischen Bildhauer Gabriel de Grupello für den Kurfürsten Johann Wilhelm angefertigt und stand zunächst in Düsseldorf, bevor sie schließlich 1743 auf dem Mannheimer Paradeplatz aufgestellt wurde. Das Motiv der Pyramide zeigt vier fürstliche Tugenden als Allegorien. Diese Tugenden, die über die Laster und Verschleierungen der Wahrheit durch die Zeit triumphierend siegen, sind die Gerechtigkeit (lat. Justitia), die Klugheit (lat. Prudentia), die Mäßigung (lat. Temperantia) und die Tapferkeit (lat. Fortitudo). Neben diesen Tugenden werden Rhein, Neckar, Mosel und Donau in Gestalt von Flussgöttern gezeigt.

The Paradeplatz (parade square) is in the very centre of the squares and was named after the build-up of troops that paraded under the reign of the Elector Palatine. It is surrounded by trees and connects to the Stadthaus in the north. It contains the remarkable fountain with the Grupello pyramid. In 1711, it was designed by the Flemish sculptor Gabriël Grupello for Elector Johann Wilhelm and at first remained in Düsseldorf. The pyramid's design displays representations of four royal virtues as allegories: justice, wisdom, temperance and bravery. Next to these the rivers Rhine, Neckar, Moselle and Danube, are portrayed as river gods.

Am Nordrand des Paradeplatzes befindet sich ein Glaskubus als Mahnmal für die in Mannheim während der Herrschaft des Nationalsozialismus ermordeten Juden. Ihre Namen stehen auf den Wänden des Kubus.

At the northern end of the Paradeplatz, a glass cube serves as a memorial for the Jewish people murdered during the rule of the National Socialists. Their names are inscribed on the walls of the cube.

Holocaust-Mahnmal / Holocaust memorial ▼

Eine wichtige Straße der Innenstadt heißt Planken. Diese in der gesamten Rhein-Neckar-Region beliebte Einkaufsmeile lockt mit zahllosen Geschäften, Restaurants, Eisdielen und einem Großkino. Die Planken, die als die Haupteinkaufsstraße Mannheims gelten, sind in der östlichen Hälfte als Fußgängerzone angelegt. Vom Paradeplatz aus führen sie direkt auf den Wasserturm zu.

The Planken is an important street in the city centre. This shopping mile is known in all of the Rhine-Neckar Metropolitan Region and attracts many visitors with its shops, restaurants, ice cream parlours and a large cinema. The eastern part of the Planken, the main shopping mile of Mannheim, is laid out as a pedestrian zone. It leads from the Paradeplatz directly to the Wasserturm.

Der Wasserturm ist das wohl bekannteste Wahrzeichen der Stadt. Von 1886 bis 1889 nach dem Entwurf des Stuttgarter Architekten Gustav Halmhuber errichtet, wurde das neubarocke Bauwerk aus gelbem Pfälzer Sandstein erbaut. Während des Zweiten Weltkriegs wurde der Wasserturm schwer beschädigt, was dazu führte, dass er vorübergehend ein Flachdach erhielt. Die Rekonstruktion des ursprünglichen Dachs wurde 1963 abgeschlossen. Der Wasserturm am Friedrichsplatz hat eine Höhe von 60 Metern.

Der Friedrichsplatz selbst ist zum überwiegenden Teil als Grünfläche angelegt und verfügt über ein Wasserspiel sowie gepflegte Wege mit Pergolen, die vor allem im Sommer zu einem regen Treiben auf der Jugendstilanlage führen.

The Wasserturm, the water tower on the Friedrichsplatz, is the best known symbol of the city. It was designed by the Stuttgart architect Gustav Halmhuber and constructed between 1886 and 1889 from yellow Palatine sandstone. It was heavily damaged during World War II. The reconstruction of the original roof was completed in 1963. The tower is 60 metres high.

The Friedrichsplatz around the central water tower is a green space with fountains and groomed pathways with pergolas that attract numerous visitors to the symbol of the city, especially in summer.

Im Stadtteil Feudenheim befindet sich ebenfalls ein Wasserturm, der 1906 erbaut wurde und 44 Meter hoch ist. Der Seckenheimer stammt aus dem Jahr 1911 und misst 37 Meter. Auch die Stadtteile Wallstadt (1905), Neckarau (1905) und Luzenberg (1909) besitzen Wassertürme.

Further water towers can be found in the districts of Feudenheim, Seckenheim, Wallstadt, Neckarau and Luzenberg.

▲ *Feudenheim*

▲ *Seckenheim*

▲ *Wallstadt*

▲ *Neckarau*

▲ *Luzenberg*

Folgt man vom Paradeplatz aus der Breiten Straße in Richtung Neckar, erreicht man den Marktplatz. Dort befindet sich das alte Rathaus, an welches sich die 1713 erbaute Kirche St. Sebastian anschließt. Es handelt sich um das älteste noch erhaltene Bauwerk der Quadratestadt. Die Kirche St. Sebastian ist die älteste katholische Pfarrkirche. Von den Kurfürsten wurde sie als Hofkirche verwendet, was dazu führte, dass sie von diversen Künstlern prachtvolle Ausstattungen erhielt. Sie wurde durch Umgestaltungen im 19. Jahrhundert verändert. Der Marktplatzbrunnen war 1719 ursprünglich für den Heidelberger Schlossgarten gefertigt und 1769 umgestaltet worden.

If you follow the Breite Straße from the Paradeplatz to the Neckar, it will lead you to the Marktplatz. Here you will find the old town hall which is connected to the St. Sebastian Church built in 1713. The town hall is the oldest remaining building of the city of squares. The fountain on the Marktplatz was originally built in 1719 to adorn the garden of the Heidelberg Castle and was redesigned in 1769.

Trotz großer Zerstörungen während des Zweiten Weltkriegs lassen sich in Mannheim in verschiedenen Stadtteilen eine große Zahl alter Villen finden, die zu den schönsten Gebäuden der Stadt gehören und auch heute noch bewundert werden können.

Despite major destructions during World War II, numerous villas can be found in various districts, many of which are among the most beautiful buildings in Mannheim.

Parks und Grünanlagen prägen das Mannheimer Stadtbild, allen voran der Luisenpark. Er gilt als eine der schönsten Parkanlagen in Europa. Anlässlich der Bundesgartenschau 1975 wurde der Park neu gestaltet. Angelegt worden war er knapp ein Jahrhundert zuvor.

The cityscape is dominated by parks and green spaces, most of all the Luisenpark. It is considered one of the most beautiful parks in Europe. The park was redesigned for the Bundesgartenschau 1975. It had originally been created approximately one century earlier.

Neben den vielen Grünflächen bietet der Luisenpark den Besuchern ein Tropenhaus, einen Streichelzoo, zahlreiche Spielplätze und einen See, auf dem eine ruhige Bootsfahrt möglich ist. Am Rand des Parks steht ein weiteres Wahrzeichen der Stadt, dessen Leuchten bei Nacht und klarer Sicht kilometerweit zu sehen ist: der Fernmeldeturm. Erbaut wurde er 1975 und hat eine Gesamthöhe von 212 Metern. In 120 Meter Höhe befindet sich eine Aussichtsplattform und ein Drehrestaurant, von denen aus die Stadt überblickt werden kann. Der Luisenpark erfreut sich großer Beliebtheit. Gerade für Familien mit Kindern ist er ein geschätztes Ausflugsziel. Veranstaltungen und Feste werden regelmäßig angeboten, darunter auch Konzerte auf der Seebühne.

In addition to numerous green spaces, the Luisenpark offers its visitors a greenhouse, a petting zoo, many playgrounds and a lake where you can take a relaxing ride in a boat. At the edge of the park you will find the Fernmeldeturm, a telecommunication tower. It was built in 1975 and measures 212 metres. At 120 metres there is an observation deck and revolving restaurant. The Luisenpark is very popular, especially with families and children. It regularly hosts events and festivities, among them concerts on the open-air stage, the Seebühne.

Der Herzogenriedpark, der 1934 eröffnet wurde, ist eine weitere bedeutende Parkanlage der Stadt. Gelegen in der Neckarstadt, befindet sich dieser Park in direkter Nachbarschaft zum Neuen Messplatz, auf dem die Mannheimer Mess stattfindet. Das große Herzogenriedbad liegt direkt nebenan.

The Herzogenriedpark, which opened in 1934, is another important park in Mannheim. It can be found in the Neckarstadt right next to the Neuer Messplatz where the funfair, Mannheimer Mess, is held. The big public pool, the Herzogenriedbad, is right next to it.

Mit seine vielen Sportplätzen, Schwimmbädern, einer Eissporthalle und dem am Rheinufer gelegenen Waldpark bietet Mannheim viele Möglichkeiten für sportliche Freizeitaktivitäten. Neben der Fußballmannschaft SV Waldhof ist Mannheim vor allem für seine Eishockey-Mannschaft bekannt. Die Mannheimer Adler haben innerhalb und außerhalb der Quadratestadt eine große Fangemeinde und können in Mannheims SAP Arena bei der Ausübung ihres Sports bewundert und angefeuert werden.

Carl-Benz-Stadion

Mannheim has a comprehensive amount of available sporting activities, including sports fields, swimming pools, an indoor ice rink in the Neckarstadt, and the Waldpark at the banks of the Rhine. The city is known for its soccer team, SV Waldhof, and most of all for its ice hockey team. Adler Mannheim has a number of fans both inside and outside the city of squares and they can be admired and cheered on in the SAP Arena.

SAP Arena

Ein besonderer Höhepunkt ist der Mannheimer Weihnachtsmarkt. Dieser findet rund um den Wasserturm statt und lädt mit etwa 200 Ständen zum gemütlichen Weihnachtsbummel ein.

The Mannheim Christmas Market is a special highlight. It is held around the Wasserturm and its many stalls invite visitors for a relaxed stroll.

Auch an anderen Orten der Innenstadt gibt es in der Weihnachtszeit einiges zu entdecken. Einer stetig wachsenden Beliebtheit erfreut sich der Weihnachtsmarkt auf den Kapuzinerplanken an der Kunststraße, etwa auf halber Strecke zwischen Wasserturm und Paradeplatz gelegen. Er besticht durch die Kunsthandwerker, die hier mit ihren Ständen vertreten sind. Der Paradeplatz ist in der Adventszeit besonders für Kinder ein Erlebnis: Im Märchenwald werden klassische Märchen durch Puppen und Kulissen nahezu hautnah erlebbar. Die Planken sind jedes Jahr in ein wahres Lichtermeer getaucht, was der Mannheimer Innenstadt vor allem bei Nacht eine besondere Atmosphäre verleiht.

Many places in the city centre have something special to offer during Christmas. The popularity of the Christmas fair in the Kapuzinerplanken at the Kunststraße is steadily increasing. Here many artisans offer their handicrafts in their stalls. On the Paradeplatz classic fairy tales are brought to life in the enchanted forest, using dolls and backdrops. The Planken are decorated with many festive lights creating a special atmosphere in the city centre, especially at night.

An Museen hat Mannheim einiges zu bieten. Besonders beliebt ist das Technoseum, das früher den Namen Landesmuseum für Technik und Arbeit trug. In den verschiedenen Ausstellungen ist für Groß und Klein stets ein interessantes Programm geboten. In direkter Nachbarschaft zum Technoseum befindet sich das Planetarium, das ebenfalls von Menschen aller Altersstufen häufig besucht wird.
Eines der ältesten Museumsgebäude der Stadt ist das Zeughaus. War dieser Bau unter Kurfürst Karl Theodor noch ein Lager für Waffen und Munition, gehört er heute zu den Reiss-Engelhorn-Museen (rem) und beherbergt regelmäßig interessante Ausstellungen zu Geschichte und Kultur. Auch das dem Zeughaus gegenüberliegende rem-Haupthaus kann durch seine Ausstellungen zu verschiedenen Themen und Epochen seine Besucher begeistern. Wer gerne möglichst viele Museen in kurzer Zeit besuchen möchte, dem ist die jährlich stattfindende Lange Nacht der Museen in Mannheim wärmstens zu empfehlen.

Mannheim is home to quite a number of museums. Among the most popular is the Technoseum. In the immediate vicinity you will find the planetarium which has something to offer for all the ages. One of the city's oldest museums is the armoury, the Zeughaus. It is part of the Reiss-Engelhorn-Museen (rem) and regularly hosts interesting exhibitions about history and culture. The Rem main building opposite captures the imagination with its displays and exhibitions about various topics and eras.

▲ *rem-Haupthaus*
rem main building

▼ *Technoseum*

Von Rang ist die Universität, die im Mannheimer Schloss ihren Sitz hat und 1967 aus der Staatlichen Wirtschaftsschule Mannheim hervorgegangen ist. Sie zählt zu den renommierten Universitäten Deutschlands. So gilts insbesondere ihr wirtschaftswissenschaftlicher Zweig nach wie vor als einer der besten der Bundesrepublik.

Another important institution is the University of Mannheim, with its main campus in the Mannheim Palace, which originated from the Commercial College Mannheim in 1967. Its business administration and economics programmes are among the best in Germany.

▲ *Duale Hochschule / Berufsakademie* ▼
Dual college / vocational academy

Hochschule Mannheim ▲
College Mannheim

Stadt der Stadtteile

Auf der Nordseite des Neckars befindet sich die Neckarstadt. Nördlich davon liegen Luzenberg und Waldhof, gefolgt von Gartenstadt, Schönau und Sandhofen. Hinter den Randbezirken Blumenau und Scharhof bildet Kirschgartshausen an der hessischen Grenze den Abschluss. Westlich der Neckarstadt folgt auf die Überquerung des Altrheins erst der Industriehafen mit wundervollen Bauten aus der Gründerzeit und dann die Friesenheimer Insel, auf der Industrie und Gewerbe dicht neben stiller Natur liegen. Östlich der Neckarstadt erstrecken sich die Stadtteile Käfertal und Feudenheim, danach Vogelstang und Wallstadt bis zum östlichsten Teil, Straßenheim. Südlich des Neckars bildet der Jungbusch mit dem Handelshafen den westlichen Abschluss des Stadtgebiets. In östlicher Richtung schließen die Regionen Oststadt und Schwetzingerstadt an die Innenstadt an. Weiter östlich liegen Neuostheim und Neuhermsheim. In südöstlicher Ausrichtung folgen schließlich Seckenheim und Hochstätt, danach Suebenheim und Friedrichsfeld. Südlich der Innenstadt liegt der Lindenhof, gefolgt von Almenhof, Niederfeld und schließlich Neckarau. Den südlichen Abschluss der Stadtregionen bilden Rheinau und Friedrichsfeld.

City life

The Neckarstadt is on the opposite side of the Neckar. North of it lie Luzenberg and Waldhof, followed by Gartenstadt, Schönau and Sandhofen. In the outlying area there are Blumenau and Scharhof as well as Kirschgartshausen at the Hessian border. West of Neckarstadt and across the Altrhein you will firstly find the industrial harbour with its wonderful Gründerzeit buildings and then the Friesenheimer Insel, where industry and trade are located close to calm nature. Käfertal and Feudenheim extend to the east of Neckarstadt, followed by Vogelstang (see box), Wallstadt and Straßenheim. South of the Neckar Jungbusch and the trade harbour form the western city limit. In the east, the regions of Oststadt and Schwetzingerstadt connect to the city centre. Further in the east you can find Neuostheim and Neuhermsheim. In the south east, Seckenheim and Hochstätt follow, as well as Suebenheim and Friedrichsfeld. South of the city centre lies the Lindenhof, Almenhof, Niederfeld and at last Neckarau. The southern city limit is formed by Rheinau and Friedrichsfeld.

Die **Neckarstadt**, die sich in einen östlichen und einen westlichen Teil gliedert, ist der größte Stadtteil Mannheims. Der westliche Teil reicht bis zur Friesenheimer Insel und dem dort gelegenen Industriehafen. Im östlichen Teil dominieren Altbauten das Erscheinungsbild. Der Alte Messplatz bildet den Mittelpunkt; dort wurde die Alte Feuerwache 1912 erbaut und ist heute ein wichtiges Kulturzentrum. Der Alte Bahnhof wurde inzwischen abgerissen, aber rund um den Platz befindet sich neben der Feuerwache mit dem Capitol, dem Theater Oliv, der Theaterakademie Mannheim u.a. eine Vielzahl weiterer Kulturstätten. Zur Neckarstadt gehört auch der Herzogenriedpark. Auf dem Neuen Messplatz findet zweimal jährlich die Mannheimer Mess statt. Das eindrucksvolle Universitätsklinikum liegt am nördlichen Neckarufer.

Alte Feuerwache / Old fire station ▲

▼ *Alter Messplatz / Old Messplatz*

Die Stadtteile **Waldhof** und **Luzenberg** verdanken ihre Entwicklung der Industrie. Als landwirtschaftlich weitgehend uninteressante Region der Käfertaler Gemarkung begann die Bedeutung des Gebiets am Altrhein mit dem Fabrikgelände, das die französische Glashütte St. Gobain dort errichtete.

Durch die Ansiedlung von Arbeitern entstand eine Gegend, die weitere Firmen anzog. So konnte sich das größte zusammenhängende Industriegebiet Mannheims entwickeln. Gemeinsam mit **Käfertal** wurden die Regionen Waldhof und Luzenberg 1897 eingemeindet.

Luzenbergschule mit Wasserturm ▲
Luzenbergschule and water tower

Die an Käfertal, Waldhof und die Schönau angrenzende **Gartenstadt** liegt direkt am Käfertaler Wald und ist vor allem als ruhiges Wohngebiet bekannt. Die Gartenstadt gehört zur Gemarkung von Käfertal.

Die **Schönau**, auf der ehemaligen Gemarkung Sandhofens zwischen Blumenau, Sandhofen und Waldhof gelegen, wurde in mehreren Phasen errichtet und 1913 gemeinsam mit Sandhofen eingemeindet. Während der Zeit des Nationalsozialismus entstanden ca. 600 „Volkswohnungen" als Prestigeprojekt. Dennoch wurde die Schönau durch etliche aktive Widerstandskämpfer bekannt, die als Zelle gegen das Regime ankämpften. Noch heute erinnern einige Straßen an die Namen dieser Menschen.

Sandhofen, ursprünglich ein Teil der Gemarkung Schar, wurde 1850 durch eine frühe Industrialisierung geprägt. Den Anfang machten fünf Zigarrenfabriken. Ab 1884 schlossen sich mehrere große Fabriken an, die um die Jahrhundertwende mehrere tausend Arbeiter beschäftigten. 1910 wurde Sandhofen eingemeindet.

Die nahe an den Coleman-Barracks gelegene **Blumenau** bekam ihren Namen durch den Gärtnereibetrieb von Fritz Liefhold, der seiner Gärtnerei ein Restaurant mit dem Namen Blumenau anfügte. In den frühen 1920er-Jahren siedelten sich weitere Gartenbaubetriebe an, in denen Blumen und Gemüse zur Versorgung des städtischen Marktes angebaut wurden. Erste Siedlerhäuser entstanden in den 1930er-Jahren, und seit 1949 entwickelte sich der kleine Stadtteil zu einem idyllischen Wohngebiet, das zu Sandhofen dazugerechnet wird.

Der nördlich von Sandhofen und westlich von Blumenau gelegene Ortsteil **Scharhof** war bis ins 16. Jahrhundert die Muttergemeinde von Sandhofen, bevor beide in die Stadt Mannheim eingemeindet wurden. Kirschgartshausen, der nördlichste und kleinste Stadtteil Mannheims, besteht aus einem Hof und gehört zum Stadtbezirk Sandhofen. Der Ort wurde 1930 nach Mannheim eingemeindet.

Die **Friesenheimer Insel** liegt im Nordwesten zwischen Rhein und Altrhein. Ursprünglich gehörte sie zu Bayern, gelangte jedoch 1862 unter badische Hoheit. Gemeinsam mit Sandhofen wurde die Friesenheimer Insel ein Teil von Mannheim. War sie ursprünglich landwirtschaftlich und für die Jagd genutzt worden, änderte sich dies in den 60er-Jahren des 20. Jahrhunderts deutlich. Es wurde dringend neues Land für weitere Industrieanlagen benötigt. Somit entwickelte sich die Friesenheimer Insel zu einem der wichtigsten Industriegebiete der Stadt. Ein kleiner Teil steht heute unter Landschafts- und Naturschutz.

Käfertal wurde 1897 eingemeindet. Auch hier hing die Annäherung an Mannheim mit der zunehmenden Industrialisierung in und rund um Mannheim zusammen. Der Bau eines gemeinsamen Wasserwerks von Käfertal und Mannheim zwischen 1883 und 1884 sorgte zusätzlich für eine Verbindung.

Im Zuge der weitläufigen Zerstörungen durch die Bomben des Zweiten Weltkriegs herrschte in Mannheim Mangel an Wohnraum. Dies führte unter anderem dazu, dass ab 1965 die **Vogelstang** gebaut wurde. Der neue Stadtteil wurde als eine Art Trabantenstadt zwischen Wallstadt, Käfertal und der B 38 angelegt. Die beiden Vogelstangseen sind ein beliebtes Naherholungsgebiet für die Bevölkerung im Nordosten der Stadt.

Feudenheim, das sich Anfang des 19. Jahrhunderts zu einer Gemeinde mit überwiegend wohlhabenden Bauern entwickelt hatte, zeigte bereits sehr früh eine deutliche Annäherung an Mannheim. Die Kleinbahn von 1884 zwischen Feudenheim und Mannheim ist ein deutlicher Beleg für das Bestreben Feudenheims, mit der Quadratestadt eng verbunden zu sein. Die Eingemeindung erfolgte 1910. Von da an entwickelte sich der Stadtteil zu einem Wohnort mit nur wenig Gewerbe und ohne Industrie. Heute ist Feudenheim ein ruhiger Stadtteil, der vor allem als Wohngegend beliebt ist.

Auch **Wallstadt** näherte sich im Zuge der Industrialisierung Mannheim an. Da viele der Bewohner in Mannheim arbeiteten, bemühte sich die Gemeinde mehrfach um die Eingemeindung. 1929 führten diese Bemühungen schließlich zum erwünschten Ergebnis. Nach dem Krieg wurde der zwischen Feudenheim, Käfertal und Vogelstang liegende Ort in Richtung Feudenheim erweitert.

Der als **Jungbusch** bekannte Stadtteil, der westlich der Innenstadt an den Handelshafen und den Neckar grenzt, ist als Hafenviertel und Wohngebiet bekannt. Prägende Bauten sind die Yavuz-Sultan-Selim-Moschee und die Popakademie.

▼ *Jungbusch, Popakademie*
Jungbusch, University of Popular Music and Music Business

Mit der Errichtung des Wasserturms 1885 am Friedrichsplatz als neuem Wahrzeichen begann auch der Bau eines zusätzlichen zentralen Stadtgebiets. Rund um den Friedrichsplatz bildeten die Kunsthalle, der Rosengarten und die Randbebauung um den Platz ein neues Zentrum. Zum Stadtjubiläum 1907 entstand die Augustaanlage und 1911 kam die prächtige Christuskirche dazu. Die **Oststadt**, zu der auch der überaus beliebte Luisenpark gehört, ist vor allem durch ihre schönen und eindrucksvollen Villen gekennzeichnet.

Der ehemalige Bauernort **Seckenheim** hatte sich während des 19. Jahrhunderts zu einem der reichsten in Baden entwickelt. Auch hier war die Industrialisierung mit ihren Folgen der Auslöser, sich Mannheim anzunähern. Die 1840 entstandene Eisenbahnstrecke zwischen Mannheim und Heidelberg führte durch die Gemarkung; die Kleinbahn von 1891 bewirkte einen direkten Anschluss an die beiden Städte. 1913 verlor Seckenheim seinen Nebenort Rheinau an Mannheim. Erst 1930 wurde Seckenheim gemeinsam mit dem Nachbarort Friedrichsfeld in Mannheim eingemeindet.

▼ *Schloss in Seckenheim / Castle in Seckenheim*

Das südlich gelegene **Neckarau**, im 15. Jahrhundert eines der größten Dörfer der Region, profitierte von der Festung Friedrichsburg in Mannheim. Dieser Bau führte 1606 zu einem Zuzug von neuen Bürgern nach Neckarau. Der Eingemeindung ging auch hier eine stückweise Annäherung an Mannheim voraus. So wurde die Zugstrecke von Mannheim nach Karlsruhe über eine Haltestelle in Neckarau geführt. Das hatte eine anwachsende Industrialisierung zur Folge. So wurde die Rheinische Gummi- und Celluloidfabrik 1873 in Neckarau gegründet. Das Großkraftwerk, das 1921 am Rhein in Neckarau erbaut wurde, avancierte zum Symbol für die ansässige Industrie. Die Erweiterung führte zu neuen Stadtteilen wie dem Almenhof.

Den südlichen Abschluss Mannheims bildet die **Rheinau**, die ursprünglich einmal zu Seckenheim gehörte und 1913 nach Mannheim eingemeindet wurde. Auch hier brachte erst die Industrialisierung das Wachstum für die Ortschaft, als eine Gruppe von Unternehmern aus Mannheim 1872 die Chemische Fabrik Rheinau gründete. Bis 1895 waren insgesamt vier chemische Fabriken entstanden, deren Arbeiter durch den Bau von Wohnhäusern angesiedelt wurden. An Rheinau grenzen auch die kleinen Stadtteile Mallau, Casterfeld, Pfingstberg und Rheinau Süd.

Neckarauer Pilwebrunnen ▼
Pilwebrunnen in Neckarau

Zentrum der Metropolregion

Mannheim ist nicht nur eine bunte Stadt mit einer interessanten Geschichte, Industrie und zahlreichen und äußerst unterschiedlichen Stadtteilen, sie ist auch das Zentrum der Metropolregion Rhein-Neckar. Gemeinsam mit der auf der westlichen Seite des Rheins liegenden Stadt Ludwigshafen, mit der die Quadratestadt durch mehrere Brücken verbunden ist, bildet Mannheim den städtischen Mittelpunkt im Dreiländereck Baden-Württemberg, Hessen und Pfalz. Bewohner der benachbarten Städte und Bundesländer pendeln tagtäglich in die Stadt, die als Arbeitsort beliebt ist. Gerade die im Umkreis liegenden Kleinstädte profitieren von der Nähe zur Großstadt, die mit ihrer Industrie, ihrem Gewerbe und ihrem kulturellen Angebot für die Gesamtregion von großer Bedeutung ist. Auch die Nähe zu anderen Städten macht Mannheim attraktiv. So ist man in kürzester Zeit in der vor allem bei Touristen beliebten Nachbarstadt Heidelberg. Zu Karlsruhe und Stuttgart im Süden und Frankfurt im Norden führt eine direkte Bahnverbindung. Wer gerne am Wochenende ins Grüne möchte, kann von Mannheim aus in kurzer Zeit den Odenwald, den Schwarzwald, den Pfälzer Wald und sogar das Elsass erreichen.

Centre of the Metropolitan Region

Mannheim is not only a diverse city with an interesting history, industry and numerous, very diverse districts, it is also the centre of the Rhine-Neckar Metropolitan Region. Together with Ludwigshafen on the western side of the Rhine which is connected to Mannheim via several bridges, Mannheim is the centre of the Dreiländereck, the tripoint of Baden-Württemberg, Hessia and Rhineland-Palatinate. Residents of neighbouring cities and federal states commute to the city every day. The smaller cities especially profit from their vicinity to Mannheim and its industry, trade and cultural events. But Mannheim is also attractive because of its proximity to other cities. The popular tourist city of Heidelberg is only a stone's throw away. There are direct rail links to Karlsruhe and Stuttgart in the south and Frankfurt in the north. If you feel like spending a weekend in the countryside you can easily reach the Odenwald, the Black Forest, the Palatinate Forest or even Alsace.

Collini-Center und Fernmeldeturm / Collini-Center and telecommunication tower

Zentrum der Metropolregion

Als wichtiger Verkehrsknotenpunkt spielt Mannheim für mehrere Verkehrsmittel eine entscheidende Rolle. Der Mannheimer Hauptbahnhof, der in den Jahren 1871 bis 1876 errichtet wurde, gilt als einer der wichtigsten ICE-Knotenpunkte der Deutschen Bahn. An diesem Durchgangsbahnhof kreuzen sich die Nord-Süd-Linien mit den Ost-West-Verbindungen. Neben dem Hauptbahnhof, dem Hafen und den kreuzenden Autobahnen ist auch der Mannheimer Flughafen zu nennen. Dieser kann zwar nicht mit den großen Flughäfen wie Frankfurt oder München konkurrieren, ist aber durchaus von Bedeutung. Von hier starten Maschinen für den inländischen Linien- und den Geschäftsverkehr ebenso wie Privat- und Sportflugzeuge. Vor seiner Zerstörung während des Zweiten Weltkriegs war dieser Flughafen einer der am meisten angesteuerten Flugplätze Deutschlands.

Mannheim is an important traffic hub for several types of traffic. The main station, Mannheim Hauptbahnhof, built between 1871 and 1876, is one of the most important junctions for the ICE trains of the Deutsche Bahn. At this through station the north-south and east-west railway lines meet. In addition to the main station, the harbour, and motorway access, the Mannheim City Airport is worth mentioning. Although it cannot compete with major airports in Frankfurt or Munich, it is still important. It is used for domestic regular flights and business aviation as well as private aircrafts and sporting aircrafts. Prior to its destruction during World War II it was one of the most frequently used airports in Germany.

Victoria-Hochhaus / Victoria Tower

Schlusswort

Es gibt Qualitäten Mannheims, die nur wenige andere Städte Deutschlands aufweisen. Die Stadt liegt an zwei Flüssen, sie hat eine große Kulturtradition, besonders was Musik und Theater betrifft, und sie war von jeher ein Ort, der Zuflucht bot. Menschen, die aus Gründen der Religion oder abweichender Kultur anderswo verfolgt wurden, suchten und fanden in Mannheim einen Ort, an dem sie sich eine neue Existenz aufbauen konnten. Friedrich Schiller, dessen Räuber im Nationaltheater uraufgeführt wurden und den Ruhm des jungen Dramatikers zu begründen halfen, ist ein herausragendes Beispiel.

Dass die Stadt an zwei Flüssen liegt und mehrere Häfen besitzt, hat wesentlich dazu beigetragen, dass sie zur Arbeiterstadt wurde. Als Mannheim sich um 1900 zur Großstadt entwickelte, lag das an der Binnenmigration von notleidender Landbevölkerung, die in die Stadt strömte und dort eine Zukunft suchte. Mannheims Sackträgerdenkmal für die Zunft der Hafenarbeiter ist eines von vielen Zeugnissen, das an eine Zeit erinnert, die von Not geprägt war, aber nichtsdestoweniger den Menschen ein Auskommen sicherte.

Mannheim hat die Zeiten von Not und Armut längst hinter sich gelassen, Stadt der Arbeiter und Migranten ist sie geblieben; die haben sie zur Großstadt gemacht. Mannheim ist die drittgrößte Stadt Baden-Württembergs. Oberzentrum der Region ist sie bis heute, was Arbeitsplätze, Einkaufsmöglichkeiten und Kulturangebote betrifft, und Zentrum der Metropolregion Rhein-Neckar, die mit 2,36 Millionen Einwohnern (2010) eine der elf großen urbanen Ballungsräume Deutschlands darstellt.

Alte Feuerwache / Old fire station ▼

Zusammenfluss von Neckar und Rhein / Confluence of Neckar and Rhine ▲

Closing remarks

Mannheim has a lot of qualities that many other German cities are lacking. It has a rich cultural tradition, especially regarding music and theatre, and it has always been a refuge for people. People that were prosecuted for cultural or religious reasons found a place in Mannheim where they could start over. Friedrich Schiller, whose play, The Robbers, premiered in the National Theatre, is only one outstanding example out of many.

The fact that the city has a connection to two rivers and several harbours has fundamentally contributed to it becoming a working-class city. Mannheim became a metropolis around 1900, mostly due to the migration of the distressed rural population that flocked to the city in search of a better future. The Sackträgerdenkmal for the dockworkers reminds the people of a time of hardship that nevertheless provided an income for many people. Pedagogue, schools inspector and school reformer Joseph Anton Sickinger and Bernhard Kahn, a banker and city councillor, are among contemporary witnesses. The former supplied schools with shower rooms and school lunch programs to improve chances for working-class children. The widow of the latter donated a public library, to improve education for the poorer population.

Mannheim has left behind its times of hardship and poverty. It remains the city of workers and migrants, the people who made it a metropolis. Mannheim is the third largest city in Baden-Württemberg. Even today it is the centre of the region in terms of employment, shopping facilities and cultural offerings, and the unchallenged centre of the Rhine-Neckar Metropolitan Region which, at a population of almost two and a half million people, is one of the eleven major metropolitan areas in Germany.

Collini-Steg / Collini Bridge

Paradeplatz / Parade square

MVV

Wellhöfer Verlag
Ulrich Wellhöfer
Weinbergstraße 26
68259 Mannheim
Tel. 0621 7188167
www.wellhoefer-verlag.de

Titelgestaltung, Layout und Satz: Uwe Schnieders, Fa. Pixelhall, Mühlhausen

Bildnachweis: S. 9 oben Reiss-Engelhorn-Mussen; S. 48 Helga Grimme;
historische Aufnahmen Verlagsarchiv; alle weiteren Fotos Peter Ehret

ISBN 978-3-95428-167-1